Die nachfolgenden Seiten sind das ehrliche und persönliche Werk des Autors Marcel Heim selbst. Jede Zeile dieses Buches wurde von ihm direkt niedergeschrieben, um eine authentische Darstellung seines Lebens nach der Erblindung zu gewährleisten.

Marcel Heim

RealBlind

Im ehrlichen Dialog mit der Dunkelheit

Bibliografische Information der Deutschen Nationalbibliothek: Die Deutsche Nationalbibliothek verzeichnet diese Publikation in der Deutschen Nationalbibliografie; detaillierte bibliografische Daten sind im Internet über dnb.dnb.de abrufbar.

1. Auflage Mai 2025
© Verlag: Wiscio Verlag, Mainz
www.wiscio.de

Umschlaggestaltung: enovatiX, Mainz
www.enovatix.de

Druck: Libri Plureos GmbH, Friedensallee 273, 22763 Hamburg

ISBN: 9-783948-455118

Vorwort

Wie alle meine Gäste wissen und erfahren, darf man mich absolut alles Fragen und ich antworte hierbei ehrlich. Es gibt auch nicht wirklich fragen, die ich nicht beantworte, bzw. es gab auch noch nie eine Frage, welche ich nicht beantworten wollte. Obwohl sie sehr privat waren. Ich sehe es so, ich möchte mit dem RealBlind Barrieren abbauen und dies funktioniert eben nur so, dass man betroffene Menschen auch bei solchen Veranstaltungen alles Fragen darf. Leider kenne ich manche Blinde Sehbehinderte, die bei einigen Veranstaltungen so einen Mist erzählen, dass sie sich schlechter oder trauriger darstellen, damit sie mehr Trinkgeld oder sonst was bekommen. Dies finde ich, ist der absolut falsche Weg. Hier im RealBlind halte ich es so! Es geht nur mit Ehrlichkeit und wann hat man sonst eventuell Kontakt zu einem Blinden und darf auch noch Fragen stellen!? Oft ist es so, dass viele Gäste mit sich oder der Situation im Dunkeln überfordert sind und dann gar nicht zum Fragen kommen. Oder die Antworten zu Ihren Fragen beschäftigt sie so sehr, dass sie erst einmal darüber nachdenken müssen. Jedoch gibt es auch Abende, bei denen eine Frage nach der andern kommt und sich manchmal eine Frage auf die nächste aufbaut.

Somit ist jeder Abend extrem unterschiedlich! Nach langem Überlegen diese ganzen Fragen auf-zuschreiben und in Schriftform zu beantworten, habe ich mir nun gedacht, warum auch nicht. Vielleicht oder wahrscheinlich sind hier noch so einige Fragen dabei, die euch interessieren, die Ihr selbst nicht gestellt hattet oder gestellt wurden, oder gar nicht getraut wurden zu stellen. Natürlich gibt es auch Gäste, die nicht nur mit der Situation überfordert sind, sondern auch damit, dass ich eben Fragen zu mir und der Blindheit beantworte. Daher gibt es auch die einen die mich als Allein-Unterhalter sehen und oder das ich zu viel rede. Jedoch gebe ich allen die Möglichkeit Fragen zu stellen und diese werden im Großen und Ganzen auch gut angenommen. Aber, wie es eben im Leben und auch beim Essen ist, man kann es eben leider niemals allen recht machen. Dies ist als Zusatz zum Hauptbuch meiner Geschichte, da es mit dem RealBlind endet und es irgendwie dazu passt.

Viel Spaß beim Lesen!

Inhaltsverzeichnis

III

Was ist besser Blind? auf die Welt zu kommen oder gesehen zu haben?

Hierzu gibt es nicht wirklich eine Antwort. Es ist beides bescheiden. Ich sehe es allerdings so, dass es zu beiden Vor- und Nachteile gibt. Alles, was ich jetzt hier aufzähle, habe ich kennengelernt. Bei Geburtsblinden ist es eben so, dass sie nichts vermissen können, was sie nicht kennen. Es prägen sich von Anfang an, die anderen Sinne besser aus, da der Sehsinn eben der Absolute Hauptsinn des Menschen ist. Man kann sehr vieles über Reden und Anfassen erklären. Allerhand Gegenstände und Tiere, aber das hört halt irgendwann auf, wie bei Wildtieren, Tiger, Elefanten und all so was. Da ist dann die Vorstellung eine Mischung aus Kuscheltier und Fabelwesen. Da es von Erklärungen und teilweise Kuscheltieren eine Vorstellung ergibt und Kuscheltiere sind ja bekanntlich nicht wie die echten Tiere. Die Farben kann man aber nicht erklären.
Nachteilig allerdings ist, dass man alles auch in frühen Jahren kaputt machen kann. Im Sinne von Mobilität und Selbstständigkeit. Beispielsweiße wenn eine "Übermama" dem Blinden Kind absolut nicht viel selber machen oder ausprobieren lässt.

Das Problem dabei ist, dass sich das dann prägt und man als Erwachsener auch immer Hilfe benötigt.

Als Späterblindeter verhält sich das alles anders. Hier muss man allerdings klar realisieren in welchem Alter man erblindet. Es gibt natürlich Riesen Unter-schiede, ob man im Alter wie ich mit 21 Jahren oder jemand mit 70 Jahren erblindet. Ich habe hier sehr viele in verschiedenen Altersgruppen kennen gelernt und teilweise schlucken müssen, wie sich einige einfach in ihr Schicksal fallen haben lassen. Man muss das Ganze akzeptieren, auch wenn es nicht schön ist, aber dann und erst dann kann alles irgendwie weitergehen. Alleine die Realität festzustellen, dass man dies nicht mehr kann oder darf. Bei anderen Sachen mehr Zeit oder viel mehr Zeit benötigt. Und dass manches nur mit Hilfe möglich ist. Dies zu akzeptieren ist wirklich nicht immer einfach.

Dann kommt noch was ganz Wichtiges dazu, festzustellen was es heißt zu vermissen.

Diese Punkte können wirklich an einen zehren und kaputt machen. Aber es kann funktionieren, man darf sich nur nicht hängen lassen. Schön dabei ist aber auch, ich weiß was Farben sind und behaupte, dass ich 60 - 80 % Farben noch mehr oder weniger im Kopf habe und abrufen kann. Wenn mir jemand etwas erklärt, kann ich es mir vorstellen oder gezielt Fragen stellen, um mir ein Bild zu machen. Ich weiß so ziemlich wie alles aussieht, da es kaum neues in der Welt gibt, was es vor meiner Erblindung nicht gab. Das Große aber ist wieder ich weiß, was es heißt zu vermissen und das tut wirklich weh. Darum versuche ich sehr vieles an Erinnerungen erst gar nicht an mich ranzulassen, da ich es eh nicht ändern kann, somit bleibe ich nur mit schönen Erinnerungen.

Was ist besser blind oder taubstumm?

Dies ist auch so eine Frage, die es nicht richtig zu beantworten gibt und jeder für sich beantworten muss.

Wobei für die meisten eigentlich nichts mehr zu sehen schlimmer ist. Denn wie bereits gesagt, das Sehen ist der Hauptsinn. Ich sage klar, es ist beides nicht schön. Es gibt wohl einen schönen Spruch: Einmal wird man vom Leben und einmal von der Gesellschaft getrennt!

Irgendwie komisch, aber doch wahr. Zum blind sein haben wir ja hier einiges und man kann sehr viel hinbekommen. Jedoch ist Taub zu sein, im Alltag ggf. etwas schwieriger, da mein Gegenüber mir das ja nicht ansehen kann und dann ist es mit der Kommunikation etwas aufwendiger.

Was vermisst du am meisten?

Oh je, das finde ich sehr interessant. Da der Platz 1 schon von Beginn an vergeben ist und ich das realisiert hatte, während ich erblindete. Dies ist der Blickkontakt + Mimik. Ich denke dies kennen alle, allein während Corona und der Maskenpflicht. Was hier an Non Verbalen alles verloren gegangen ist, ist schon viel.

Jemanden in der Maße zu finden ist dann eben schon sehr sehr schwer oder was mit dazu gehört. Wie lernt man neue Menschen kennen? Das ist mit das Schwierigste für Blinde. Denn wie fängt alles an? Ja mit Blickkontakt oder man wird angesprochen und dann erst mal ein kurzer Blick, wer oder was spricht mich da an!

Man kann so verdammt viel aus einem Blick lesen, selbst bei fremden Menschen. Das kombiniert, ist das, warum es mir am meisten fehlt.

Überlegt einmal: Ihr kommt abends nach Hause und ein Blick zum Partner/Partnerin und ihr wisst ganz genau, Mund halten, wird besser sein! Und was mache ich, naja Mund auf und Pech gehabt...

Man kann so verdammt viel aus einem Blick herauslesen, das ist eigentlich faszinierend. Aber alles beginnt eben mit dem Blickkontakt, egal auf was man es bezieht.

Hier noch ein Beispiel:
Stellt euch vor ich bin irgendwo sei es etwas trinken, in einer Bar oder beim Eis essen und ich schau halt hier und da mal rum. Ein paar Tische weiter, sitzt eine hübsche Dame und die schaut auch immer wieder interessiert zu mir. Die Blicke kreuzen sich ab und an, aber ich reagiere nicht auf ihre Blicke. Dann steh ich irgendwann auf, nehme meinen Stock und gehe. Traut sich hier die Dame mich noch anzusprechen? Wahrscheinlich nicht, aber hier haben wir es eben mit den Blickkontakt. Ist er nicht vorhanden kann es manchmal ganz schön doof laufen. Gut es gibt auf jeden Fall auch schönere Sachen, was man nicht unbedingt sehen muss. Aber im Allgemeinen ist es einfach das Wichtigste, mit dem alles beginnt.

Gut, mittlerweile ist mein Sohn Platz 1 und hier habe ich in den ersten eineinhalb Jahren auch sehr zu kämpfen gehabt, denn was sich in diesen ersten Monaten alles tut und was man einfach nicht selbst sehen oder wahrnehmen kann. Das war sehr schlimm. Denn es verändert sich so vieles, ein Blick, eine Bewegung eine Geste. Das kann man manchmal sich gar nicht erklären lassen, weil es nur einmal da war. Wir wollen hier noch nicht mal vom ersten Schritt oder ähnlichen Reden. Bei meinen Mädels ebenfalls, die Veränderung von Kind zum Teeny und zur Frau. Oh man, das nicht zu sehen, wie sich hier was verändert. In diesem Zug, auch wenn alle drei etwas

Schönes erhalten, ein Geschenk oder über was sie sich freuen, das Leuchten in den Augen, das ist was mir am Allermeisten fehlt!!! Der Rest ist wie schon einmal angedeutet, versuche ich nicht an mich zu lassen aber hier ein paar Dinge, wo es vielleicht klar wird.

1. Motorrad fahren - war immer ein Akt der Freiheit für mich.
2. Astrologie: Berichte zu sehen über das Weltall, mit den neuen Techniken so weit hinauszuschauen. Die Berichte sind supergut anzuhören. Aber das Bild ist das, was da einiges mit ausmacht.
3. Auf der Straße läuft eine hübsche Frau, einfach mal umdrehen und auf den Po zu schauen!
4. In einer Beziehung die Partnerin in voller Ganzheit zu sehen und ja auch ohne alles.

Das gehört alles dazu und fehlt wirklich!

Kannst Du dich noch an Personen erinnern oder vergisst man?

Ja, einerseits sehr gut. Wenn ich so an Personen von früher denke, kann ich mir sehr gut Bilder hervor holen. Aber ich weiß eben auch, dass sich der Mensch sehr verändert in all den Jahren und daher sind die Bilder von Personen immer mehr verpixelt. Was ich jedoch nicht ganz so schlimm sehe. Ich habe sie in meinem Herzen, im Kopf und kann eben die alten Bilder teils sehr gut herrufen, aber ansonsten lernt man ein wenig zu vergessen. Aber wie gesagt, nicht auf Grund der Jahre, sondern absichtlich.

Wie hast du das verarbeitet?

Dies ist was, was ich leider nicht wirklich weiß.
Ich hatte eben den makabren Vorteil, dass es bei mir ja schon in der Familie war und ich im Prinzip so groß geworden bin. Daher wusste ich, wie es möglich enden kann. Also es war nichts ganz Neues. Auch, wenn das komisch klingt. Ich wusste aber auch, es wird nicht einfach, auch in unserer wunderschönen Sozialgesellschaft....daher immer kämpfen noch mehr kämpfen wie die anderen. Ich habe mir dann einen Slogan für mich interpretiert. Auch wenn er negativ belastet ist, aber er sagt eben die Wahrheit. "Kopf nach oben - Aufrecht gehen!" Dies hilft. Weitermachen, egal wie schwer der verdammte Rucksack, den ich trage geworden ist. Irgendwie wird es. Zwar nicht so, wie ich mein Leben vorgestellt hatte und noch weniger geplant hatte, aber es kann dennoch was werden. Ich habe weitergearbeitet und mich durch die Arbeit am Leben erhalten. Ich bin meinen Chef von damals mehr als Dankbar. Das dies noch möglich war, denn es hat mir so sehr geholfen, um nicht in die negativen Gedanken abzurutschen! Ich habe weiter gemacht, egal wie. Mit so ziemlich allem, auch wenn ich merkte alles geht nicht mehr so einfach oder nicht mehr alleine, zumindest am Anfang.

Hattest du professionelle Hilfe?

Nein, gar nicht. Ich habe das Ganze mit mir ausgemacht. Wollte zwar dann einst einmal Hilfe holen u.a. gerade wegen den Kleinen, da mir keiner richtig Rat geben konnte. Aber leider wurde daraus nichts, da ich nicht wirklich verstanden wurde.

Hast du es verarbeitet oder immer noch Probleme damit?

Dies kann ich eigentlich mit einem klaren voll akzeptiert und angenommen „Ja" beantworten. Jedoch um völlig bei der Wahrheit zu bleiben, ich sag mal zu 99 %. Denn es gibt eben immer wieder Momente wo man mit sich, mit dem Blindsein hadert. Oder allein dieses: „das wäre jetzt nicht so" oder „wäre nicht" geschehen, wenn ich sehen könnte. Hierbei müssen eben nur an einem Tag mehrere Dinge passieren, dass mal kurz so ein Gedanke kommt, aber diesen blocke ich gleich ab, denn sonst würde man in eine Spirale der Trauer kommen und das möchte ich nicht, denn aus diesem Loch wieder herauszukommen, ist sehr sehr schwer. Aber ich habe es eben sehr schnell angenommen. Deswegen bin ich auch hier, wo ich jetzt bin. Aber auch klar gesagt, wenn ich der erste in meiner Familie gewesen wäre, dann wäre alles sicherlich völlig anders gekommen.

Was siehst du noch genau?

Das genau zu erklären ist super schwer. Einerseits ist mein minimales hell-dunkel am aller Äußersten Augenrand. Alles andere Kriseln wie ein Fernseher ohne Kontakt oder Ameisenfußball, Schnee oder Rauschen, das sagen ja alle ein wenig anders.

Aber dieses Kriseln ist so super nervend und anstrengend, da es immer da ist auch bei geschlossenen Augen. Heißt, eigentlich könntest du, der das hier liest, mit beiden Händen eine Faust machen, diese auf die Augen legen so das, es noch ein klein wenig hell am Rand ist. Nur das ich, nicht alles sehen kann, sondern nur hell dunkel. Das reicht mir zwar aus, um mich sehr gut zu orientieren, aber hierzu nur die krassen Kontraste von hell und dunkel. Bedeutet eine Frau mit hellen Haaren und ein helles Oberteil mit dunkler Hose o.ä. ist ab Hüfte für mich weck. Bedeutet für mich aber auch, ich schaue öfters ganz stark nach oben, um mein Gesichtsfeld nach oben zu ziehen oder andersrum. Ich weiß nicht, wie es dann richtig ausgedrückt wäre.

Wie kommst du damit zurecht im Alltag?

Im Regelfall ganz gut. Man wird mich allerdings nur selten ohne Kappe rumlaufen sehen, da ich noch dazu extrem Blendempfindlich bin und wenn ich dann nach oben schaue, um mehr wahr zu nehmen, würd ich ja voll in die Sonne schauen. Daher immer ne Kappe. Sonnenbrille geht nur eine, die an der Stirn bündig ist und mit Gummiband das sie nicht rutsch. Denn 1 mm und dann ist es wieder hell und negativ für mich. Aber im Ganzen komme ich im Alltag damit sehr gut zurecht. Gibt natürlich hier und da Momente oder Ecken, wo ich bissel langsamer mache aber sonst alles gut.

Hast du was Besonderes in der Wohnung - Barrierefreies Wohnen?

Nein überhaupt nicht. Das Ganze kommt eigentlich aus dem Bereich für Gehbehinderte, welche breitere Türen oder Haltegriffe benötigen, u.a. heißt bei mir ist in der Wohnung alles völlig normal wie bei euch auch. Außer vielleicht dass ein oder andere Hilfsmittel, wie eine Sprechende Waage oder so etwas.

Wie weißt du ob es Tag oder Nacht ist?

Da ich ja noch ein klein wenig hell-dunkel wahrnehme, kann ich das zum Glück noch unterscheiden. Was etwas sehr Schönes ist.

Wie schaust du auf die Uhr?

Hierbei gibt es drei Möglichkeiten.
1. Gerade schon Thema mit dem Handy.
2. Es gibt Sprechende Uhren und auch
3. Taktile, heißt hier kann ich die Glasscheibe hochklappen und vorsichtig die Zeiger fühlen.

Wie kommst du zur Arbeit, bzw. was sind die größten Herausforderungen im Alltag?

Das ist einfach, denn das ist der Mensch! Der Mensch erschwert eben täglich einiges. Sei es unterbewusst oder da es ihm egal ist. Nur mal zwei Beispiele:

1. Müllabfuhr

Ihr stellt eure Mülltonnen an den Rand, dann werden sie geleert dann könnt ihr Schlangenlinien laufen.

Das soll hier aber nichts gegen die Müllmänner sein. Dies ist nur beim Laufen immer etwas spaßiger dann.

Hier könnt ich einfach manchmal kotzen, wenn sich jeder an die Straßenverkehrsregeln halten würde, wäre es für alle Menschengruppen einfacher.

Sei es der Blinde, Rollstuhlfahrer, Mamas mit Kinderwagen oder Kinder mit ihren Rollern.

2. Straßenverkehrsordnung

Kennt ihr das, wenn ein Auto zum Teil auf dem Gehweg steht? Der eine ein bissel, der andere mit dem halben Auto. Das geht manchmal so weit, dass es Stellen gibt, wo ich, um vorbei zu kommen auf die Straße muss. Und das alles nur, weil die Leute zu faul oder Unfähig oder einfach nur Ignorant sind.

Das Beste, an manch solchen super schön stehenden Autos ist ja dann auch noch, dass es ein absolutes Halteverbot ist, aber selbst das stört so viele nicht. Ja ich weiß es gibt wenig Parkplätze, egal wo, aber manches geht eben auch nicht! Manchmal auch witzig, da laufe ich mit dem Stock schon extra an der Bordsteinkante oder an der Häuserwand, um eine kleine Orientierung zu haben, dann kommt mir wer entgegen und bleibt dann vor mir stehen und sagt" Achtung"!

Hierbei denk ich mir auch immer, bin ich jetzt blind oder du hier gegenüber doof?!

Ich bin ja der festen Ansicht, dass jeder in unserem Land wissen sollte, was dieser weiße Stock bedeutet, und dann heißt es für mich jetzt nicht, Ihr macht Platz, denn hier komme ich, aber man könnte zumindest ein kleines bisschen auf die Seite gehen, vor allem wenn noch viel Platz da ist. Denn man sollte ja wissen, was der Stock bedeutet (der sieht schlecht). Auch noch so ein Thema wäre: Elektroautos!

Ja das ist so eine schöne Sache (Eigentlich) ich hasse, es da es gemeingefährlich ist. Zudem hieß es Ursprünglich, dass bevor das erste E-Auto in Deutschland auf die Straße kommt, sie Außengeräusche machen müssen. Und was ist - nichts. Seit nun 1,5 Jahren müssen sie es und machen es immer noch nicht. Klar wird jetzt hier der eine oder andere Leser sagen, meins macht aber Geräusche. Ja, dass bissel Summen... ja danke fürs Gespräch. Ich sage dazu ja nur Ufo Autos da das Summen für mich wie ein Ufo ist! Das ist einfach zu wenig, vor allem wo wurde das getestet? In einer Halle ohne Nebengeräusche mit anderem Verkehr oder gar mal Schnee oder Laub? Nein das ist gemeingefährlich und ich warte darauf, dass ich mal eins nicht mitbekomme und dann auf die Hörner genommen werde.

Hier bin ich auch ganz ehrlich, da es irgendwo geschrieben steht das sie diese Geräusche machen müssen. Wäre ich nicht Selbstständig, würde ich mit jemand der ein neues Model hat, einen Termin an einer Straße ausmachen und ich würde mich Absichtlich anfahren lassen, um dann gegen den Hersteller und die Bundesregierung zu klagen, aber richtig, so wie in Amerika!

Wie gut ist Deutschland barrierefrei?

Für das, was sich Deutschland vornimmt und sagt, deutlich zu wenig. Und zu langsam... Ich möchte es nicht leugnen, es tut sich ja was, aber einfach zu langsam und teils planlos. Allein die Steinplatten mit den Noppen drauf. Hierzu gibt es verschiedene Höhen und teils welche mit Rillen. Ihr könnt es in allen Städten finden, teilweise enden die im Nichts oder sind so verlegt, dass es schön aussieht, aber keinem Blinden hilft.
Die piepsenden Ampeln sind eine schöne Sache, wenn die Technik nicht kaputt geht. Aber auch hier gibt es Unterschiede, ob Stadt oder Land. Ich hatte mal ländlich gelebt, hier gab es drei von diesen Ampeln, welche allerdings am Abend um 22 Uhr oder 22:30 Uhr ausgeschaltet wurden. Dann auch was Feines! Gut, ich bin hier weniger drauf angewiesen, aber interessant. Blindenschrift in Aufzügen ist zwar schön und gut, aber wenn es neuere Aufzüge sind, welche nur Touch haben, kann es auch mal nach hinten los gehen. Daher drücke ich sicherlich nicht oder fahre nicht alleine das erste Mal mit so einem Aufzug, sondern schaue mir das an, wenn jemand dabei ist.
Andere Länder sind da auf jedenfalls schon deutlich weiter. Wie von Anfang an, die

Skandinavischen Länder und teilweise auch die Amerikaner.

Witzigerweise habe ich von einem Gast erfahren, dass in ganz Peking ein Leitliniensystem für Blinde existiert. Aber da fällt mir noch was ein!

Es wird zwar viel gemacht, aber manchmal eben nicht so schön bedacht, alleine die abgesenkten Bordsteinkanten sind schön und optisch hübsch, aber blind braucht man teilweise diese zur Orientierung. Gerade an Kreuzungen, ja macht auch Sinn für den Rollstuhl aber Höhe der Kreuzung wäre es super, wenn sie vorhanden wären und denn abgesenkten Teil könnte man ja wieder an Höhe der Häuser machen also nach dem Bogen, den ein Rollifahrer kann den Meter auch rum rollen oder eine Mama mit den Kinderwagen.

Was müsste Deutschland verbessern?

Oje! Einerseits viel auch nicht. Ich vertrete die Ansicht, dass sich nicht alle Menschen der Hand der Behinderten anpassen muss, sondern auch ich mich anpassen muss, es sollte ein Geben und Nehmen sein. Aber, wenn man was machen will und es so groß ankündigt, sollte es anständig gemacht werden. Was geändert werden müsste ist das, was mein weiteres Projekt beinhaltet. Barrieren abzubauen, barrieren in den Köpfen, um einfach Aufklärung zu betreiben. Deutschland will Inklusion Leben, aber so viele sind nicht informiert oder können sich sehr vieles gar nicht vorstellen, wie bestimmtes funktionieren kann. Hier müsste man ansetzen. Allein als Beispiel, Inklusion in den Schulen. Ist jetzt da, aber wurden die Lehrkräfte im Vorfeld geschult? Nein. Wurden oder werden die angehenden Lehrer im Studium richtig darauf geschult? Nein. Es gibt noch immer Unis, wo nichts zum Thema Behinderung erklärt oder beigebracht wird. Hier sollte sich einiges verändern.

Wie kannst du Mails schreiben oder das Handy bedienen?

Hierzu erst einmal der Computer. Mittels einer Software und einem Zusatzgerät namens Braillezeile. Blindenschrift, Brailleschrift und Punkt-schrift ist alles dasselbe. Diese Zeile zeigt mir einen Zeilenausschnitt in Blindenschrift an und dies könnte ich mit dem Finger lesen. Diese Software kann aber noch etwas anderes. Und zwar wird mir alles, was ich eingebe, vorgelesen. Hier ist natürlich viel Einstellungssache. Ich könnte es so haben, dass jede Taste, die ich drücke, was sagt, aber da wird man ja bekloppt. Daher habe ich es so, dass wenn ich ein Satzzeichen oder Leertaste drücke mir das Wort vorgelesen wird. Geschwindigkeit dabei, ist dann Einstellungssache.

Die Maus staubt bei mir immer ein, denn diese benötige ich nicht. Somit kann ich am Computer alles machen, oder zumindest sehr viel von Mails schreiben, Internet-Surfen oder Shoppen oder gar diese Zeilen schreiben.

Am Handy könnt ihr alle auch so eine Sprachausgabe einschalten. Voiceover oder Talk-back, je nach Gerät. Talkback ist allerdings ein vielfaches schlechter bzw. aufwändiger in der Bedienung. Hierbei verändern sich allerdings alle Finger Gesten.

Wenn ihr mit einem Finger auf eine APP geht, öffnet sie sich ja, bei mir ist es markiert und dass wird vorgelesen und dies kann ich dann z.b. mit einem Doppelklick bestätigen. Wenn ihr mit einem Finger nach rechts wischt, blättert ihr ja um, ich würde nach rechts zur nächsten APP springen. Um zu blättern, muss ich mit drei Finger wischen. So kann ich auch die gängigen Apps bedienen allerdings mit Spielen, ist man sehr sehr eingeschränkt.

Kannst Du Spiele spielen?

Ja, aber leider nicht so viele.
Es gibt Kartenspiele mit Blindenschrift darauf, aber hier auch ein deutlicher Mehraufwand in der Anschaffung. Ich hatte damals für mein Rome Deck 50 € bezahlt.
Hierbei gibt es drei Arten von Karten.
1. Wo die Blindenschrift nur rein gestanzt ist
2. Blindenschrift drauf geklebt wurde auf den Ecken
3. Die beste Variante eine Klebefolie mit Blindenschrift auf der gesamten Karte.
Brettspiele gibt es auch ein paar, allerdings immer nur mit Kurzschrift. Dies ist ähnlich wie Stenografie und kürzt daher den Text. Aber wir haben teilweise manche Spiele selber manipuliert oder muss eben sich mal eine Karte oder ähnliches Vorlesen lassen. Also auch machbar. Am Handy oder Computer gibt es auch eine Hand voll, aber wirklich sehr viel weniger als für euch. Das fehlt mir auch, ich habe früher auch gezockt. Einfach mal abends ne runde Monster abknallen oder ähnliches wäre schon mal was feines.

Deine Augen sind ja ganz normal?!

Ja meine Augen sind ganz normal und bewegen sich sogar. Aber was gemeint ist, ist, dass es ja Augenkrankheiten gibt, wo man es deutlich sieht das die Augen milchig und trüb sind. Das sind allerdings auch die wenigsten Augenkrankheiten. Zum Glück!

Hast du noch extra was gemacht oder angeschaut als es immer schlimmer wurde mit den Augen?

Nein, überhaupt nicht.
Ich war weiter arbeiten, weil es mir sehr viel gegeben hatte. Jedoch auf der anderen Seite wäre es vielleicht schön, dass ein oder andere noch gesehen zu haben, aber zum anderen kann das auch wieder negativ sein. Überlegt mal, wenn ihr euch immer an bestimmte Ortschaften oder ähnliches erinnern könnt, mit den Gedanken das hab ich noch gesehen. Ja einerseits was Schönes, aber ich glaube auch das kann negativ sein. Ich wollte es nicht und ehrlich gesagt bereue ich es auch nicht.

Ich sehe einen blinden, möchte helfen, trau mich aber nicht wie kann ich dies am besten machen?

Wenn man jemanden helfen möchte, einfach ansprechen. Der Blinde wird dann schon sagen, ob ja oder nein, wenn ja dann auch wie. Aber vielleicht als kleine Unterstützung, wenn ihr jemanden seht, der relativ zügig läuft der wird sicherlich wissen, wo er hin geht.

Den braucht man dann eher nicht ansprechen. Der weiß dann gegen welches Schild er läuft. Aber wenn ihr jemanden seht der schon etwas langsamer unterwegs ist oder gar sein Kopf hin und her schwenkt, um ggf. jemanden zu suchen also zu Orten, denn vielleicht will er ja sogar jemand ansprechen. Dann einfach hin und fragen.

Nein sagen kann man ja immer. Gut ich habe auch schon mitbekommen, wie pampig manch ein Blinder sein kann und ich finde es dann nur schade, dass wenn man schon gefragt wird, den dann anzumotzen geht halt nicht. Denn diese Person wird dann sicher keinen mehr helfen wollen. Und die, die dann da motzen sind die, die dann später wieder motzen da ihnen keiner helfen kann oder alle schon weiterlaufen.

Wie wischst du dir den Deinen Po ab?

Das find ich immer witzig, wenn es kommt und ihr glaubt gar nicht wie viele dies interessiert. Schön dabei ist es, man wird von jeder Altersstufe gefragt. Auch wenn man es kaum glauben kann. Meine Antwort ist dann: „selber ausprobieren". Einfach Routine und lieber ein oder zwei Tücher mehr verwenden. Aber das merkt man schon ganz gut, ob es sauber ist.

Wie bist du im Straßenverkehr unterwegs?

Hierbei natürlich nur mit den öffentlichen Verkehrsmitteln und auch was Schönes, dass es ja seit langen schon in den Bussen die Durchsagen gibt, wenn es funktioniert!
Aber wenn ich das erste Mal eine Strecke fahre, verlasse ich mich darauf auch nicht. Denn ich weiß dann auch nicht, ob es im richtigen Takt durchgesagt wird. Deshalb sage ich dem Busfahrer, wo ich aussteigen muss und er soll mir bitte Bescheid geben.
Ansonsten natürlich mit dem Stock oder was natürlich auch geht wäre ein Hund, was ich schon einmal hatte und irgendwann wieder in meinen Leben mich begleiten wird.

Wie hast du das überhaupt verarbeiten können?

Weiter machen, weiterkämpfen und nicht zurück-schauen, denn wenn man zurückschaut, dann erlebt man Schmerzen. Was wäre, wenn es anders wäre? Ich habe das Ganze nie an mich rangelassen, egal wie es mich manchmal zerfressen hat. Es gibt bis heute nur sehr sehr wenige den ich mich diesbezüglich teilweise anvertraut habe aber selbst da versucht sachlich zu sein. Da ich Angst davor habe in das Loch zu fallen, das Loch der Trauer und da will ich nicht hin. Somit eine Mauer errichtet und weitergelebt. Hört sich einfacher an, wie es ist und glaubt mir, so einfach ist es nicht. Da leider immer wieder man daran erinnert wird, oder es doch einfacher wäre aufzugeben! Aber das bin nicht ich!
Weiter immer weiter, immer weiter voran. Ich bin ein Mensch der Zukunft, ein Mensch der wirklich kämpfen kann. Mag auch kommen was will, mag auch kommen wer mag, Ich stell die Weichen für mich für mich selber jeden Tag!

Was war anfangs das schwierigste für Dich?

Das Laufen, im Sinne, ich hatte noch keinen Stock und wegen der Blendempfindlichkeit. Es war teilweise die Hölle für mich draußen alleine unterwegs zu sein. Alleine! stellt euch vor ihr lauft und bekommt dann da vor euch irgendwas mit, lauft ein Schwenker außen rum da könnte ja alles sein, Baum, Mensch, Poller und dann war es nur ein Schatten eines Baumes oder so was. Das war eine bescheidene Zeit. Daher bin ich irgendwann auch nicht mehr früh´s ins andere Restaurant zu meinem Chef, um Kaffee zu trinken, sondern hatte mir die Kaffeemaschine schon fertig zusammen bauen lassen, wo ich eh schon war im Restaurant, bzw. gewohnt hatte und nur 3 Stockwerke runter laufen musste. Denn es war mir morgens schon zu heftig die Hauptstraße entlangzulaufen und sie auch noch zu überqueren. Alles andere ging irgendwie.
Jedoch musste ich auch lernen um Hilfe zu bitten. Ich weiß noch ganz genau, dass ich einen Lehrling, ein Freund von mir, in der Mittagspause gebeten hatte zu mir zu kommen, um mir was zu helfen. War natürlich kein Problem. Aber für mich, denn ich hatte keine Socken mehr und hatte sie dann alle auf dem Bett ausgebreitet und gefragt, ob er sie mir doch bitte sortieren

könne. Das war das Erste, wo ich richtig um Hilfe gebeten hatte und es war so schwer, denn hallo, das ist Unterwäsche!

Hast du einen Hund?

Einen Blindenführhund, nein leider nicht mehr.
Der Normale Weg hierzu wäre einen Antrag stellen mit der Hundeschule und die Kasse sollte es übernehmen! Ich kenne blinde die hatten ihren Hund als Welpe einmal gesehen und dann mit zwei Jahren ausgebildet bekommen. Heute wird teilweise schon geschaut, dass man den Hund öfters besucht oder mal das Wochenende mitnimmt, um eine Bindung aufzubauen. Mein Hund war anders. Sie war ein Mischling aus altdeutschem Hütehund und holländischem Schäferhund und nur ein Versuch, ob es funktioniert wegen dem Hüte verhalten. Ich kannte Papa und Mama Hund, den Vorgarten, wo sie gezeugt wurde und ich habe sie das erste Mal gesehen, als sie einen Tag alt war. Ich hatte sie und ihre Geschwister so alle zwei Tage besucht und sie dann mit ca. 2,5 Monaten dann zu mir genommen und selber großgezogen. Ihr einiges schon beigebracht und dann mit einem guten Jahr in die Ausbildung abgegeben. Normalerweise kommt der Hund aus einer Zucht und dann mit ca. 3 Monaten in eine Familie um Menschen, Tiere und Kinder also Trubel und Alltag mitzubekommen, dann mit einem Jahr in die Ausbildung. Es wird irgendwann wieder einen Hund geben, aber dann möchte ich das auch wieder so

machen wie damals. So entsteht eine völlig andere oder innigere Bindung, da man ja miteinander groß wird.

Warum hat nicht jeder einen Hund?

Da manche keinen mögen, sondern lieber Katzen.

Hört sich zwar doof an, aber ist wirklich so. Warum sollte jetzt jeder einen Hund haben, auch wenn er diese Tiere nicht mag? Aber Spaß bei Seite. Man muss der Typ dafür sein. Es ist ein anderes Laufen, nicht einfacher, aber angenehmer als mit dem Stock, finde ich. Jedoch ist es eben auch Verpflichtung. Das Erste, was ich sehr früh gemacht hatte, war mit dem Hund raus und eben auch abends.

Man muss sich kümmern - Gassi gehen und auch zum Tierarzt, wenn was ist und das ist eben mit Aufwand verbunden.

Arbeitstechnisch ist die Mittagspause dann eben auch mit dem Gassi verbunden und nicht faul rumsitzen. Man ist etwas mehr gebunden, aber dennoch eine schöne Sache.

Irgendwann wird es bei mir sicherlich auch wieder einen Blindenführhund geben.

Ja, könnt ihr auch gerne mal online schauen, es gibt auch ein Blindenführpony!

Wie machst du den Kot weg?

Gar nicht! Wie soll ich denn auch, auf allen Vieren?
Mmmh die ist schon kalt, die auch oh die ist schön warm das ist meine Scheiße zum Wegräumen. Nein, Spaß! muss man blind nicht, da es nicht möglich ist. Jedoch war zumindest meine Hündin auch so eitel, dass sie wirklich nicht auf den Weg gemacht hat, sondern eher so weit wie möglich rein ist. Man durfte sie auch dabei nicht anschauen.

Ist Deine Frau - Partnerin blind?

Nein, ich möchte keine blinde Partnerin haben, ich kann mir das Leben einfacher machen. Allein Thema einkaufen. Mit dem Auto hinfahren, einkaufen, einladen, zurücklaufen und ausladen. So müsste man bei Wind und Wetter alles nach Hause tragen. Es geht natürlich. Ich kenne auch blinde Pärchen, aber ich möchte es einfach nicht. Es erleichtert dann doch einiges im Alltag. Natürlich ist mir auch bewusst, das sich dies komisch anhört, aber ich kann das ja auch ein wenig steuern. Ich muss ja nicht nur mit blinden zu tun haben, was ich bestimmt nicht habe. Und somit, nein danke!

Wie gehen die Kinder damit um?

Im Großen und Ganzen super gut. Von Anfang an.

Hierzu muss ich sagen, dass meine Frau die Mädels mit in die Beziehung gebracht hatte und für die beiden war es von Anfang an kein Problem. Sie haben anfangs auch oft einiges nachgefragt. Das geht bei ein zwei Sachen bis heute. Meine kleine, stand jetzt 11 Jahre, fragt heute noch ab und an, „Du siehst also wie am Fernseher das Rauschen?!". Natürlich mussten sie sich auch ein klein wenig an einiges gewöhnen, wie das sie schauen sollten, dass ihre Gläser nicht am Tischrand stehen, sondern Richtung Mitte. Da wenn ich was hinstellen möchte oder sonst was, dass ich es nicht runter schmeiße. Ganz süß war auch einmal beim Einkaufen, da hatte mich die Kleine die ganze Zeit an der Hand genommen, bis sie selber was schauen wollte. Da hatte sie dann ihrer großen Schwester leise gesagt "hier nimm mal kurz aber pass auf!".

Das war süß und ich hab gemerkt, dass sie immer wieder nachgeschaut hatte!!! Der Kleine, stand jetzt mit 3 Jahren kann man natürlich nicht viel dazu sagen. Jedoch wird er so groß und er weiß auch dass es beim Papa anders ist wie bei Mama. Ich war erstaunt, als er anfangs so mit 1,5 Jahren immer noch zum Schrank hingezeigt hatte, um zu zeigen, was er möchte. Das war dann natürlich nicht so einfach für mich, dass richtige zu finden. Aber dann ist er auf die Idee gekommen, meinen Arm einfach als Verlängerung zu nehmen und dass macht er seitdem immer so. Allerdings nur bei mir. Genauso ist es auch beim Spielen, da kommt immer wieder "Papa guck!" und dann nimmt er teilweise beide Hände von mir und zeigt auf das, was er gebaut hat. Er kann es natürlich nicht verstehen, dass ich nichts oder so gut wie nichts sehe, das wird er in den nächsten Jahren schon noch richtig verstehen.

Aber er kommt gut damit zurecht und weiß sich dadurch auch schon gut zu helfen.

Wie ist es für dich mit der Vorstellung deiner Kinder - Legosteine?

Zur Vorstellung der Kinder ist es so eine Sache. Einerseits denke ich zwar ich kann sie mir recht gut vorstellen. Aber jetzt, auch die Zeit von Kind zu Teeny zu Erwachsen werden. Das ist wirklich schwer. Also das Gesamtpaket. Genauso wie bei meinem Kleinen. Das es die ersten 1 bis 1,5 Jahre die Hölle für mich war, wie weiter oben schon einmal genauer erklärt. Aber ja durch, dass das sie meine Kinder sind und ich sie auch mal gestreichelt hatte und beim Toben kann man sich da vieles Vorstellen. Wobei anfangs die Mädels sich sogar beschreiben wollten, dass ich sie mir vorstellen kann, was super süß war. Zu den Legosteinen oder auch Duplo. Jeder der Kinder hat, kennt das - es tut ganz schön weh, wenn man da drauftritt.

Daher habe ich mir sehr schnell angewöhnt nicht mehr ganz normal zu laufen, sondern eher nur zu gleiten. Also nicht schlürfen, sondern nur ganz leicht die Füße zu heben, dass ich auf bestimmtes gar nicht treten kann.

Wie ist das am Bahnhof, wenn keine Durchsagen kommen oder sehr viel los ist?

Das ist dann immer so ein Ratespiel. Denn wenn keine Durchsagen kommen, ist es super doof. Jedoch dann noch besser oder einfacher, wenn es ein kleiner Bahnhof ist. Wenn es jetzt zum Beispiel der HBF in Frankfurt ist, wo es auch mal sein kann, dass sich das Gleis wechselt und an dem, wo man wartet, dann ein anderer rein kommt kann, es natürlich doof laufen. Heute natürlich viel über das Handy machbar, aber darauf ist auch nicht immer ganz verlass. Ich habe daher sehr schnell gelernt nachzufragen, jedoch gezielt. Denn auf Fragen mit „Ja" antworten, das können alle.

Bedeutet, ich frage gezielt,

"Welches Gleis ist das?"

"Welcher Zug steht da angeschrieben?"

Da muss dann schon mal wirklich geschaut werden. Man darf natürlich dann auch nicht gleich verärgert sein, wenn der erste oder auch zweite Mensch, den man ansprechen will weiterläuft. Denn haben die mich richtig mit dem Stock realisiert? Schaut der gerade aufs Handy? Ist der selber in Eile oder in Stress oder sonst was?

Daher muss man da schon ein wenig mitdenken. Doof oder ärgerlich ist es natürlich, wenn ich auch nur sehr wenig Zeit habe zum Umsteigen und dann nutze ich auch einmal das Leitliniensystem, aber das ist dann oft spaßig, da dieser mit Menschen und Koffern belegt ist! Ich kann mir schon vorstellen, wie einige manche male verdutz geschaut hatten, wie schnell und fast schon joggend ich da über den Bahnhof bin nur, um einen bestimmten Zug noch zubekommen!

Schaust du Fernsehen?

Natürlich mache ich das. Ich sage auch, ich schaue Fernsehen und nicht ich höre Fern. Das sind für mich normale Floskeln und warum sollte ich dies anders nennen. Es ist allerdings etwas bescheidener. Denn je nach Film oder Serie bekommt man manchmal nicht viel mit. Ich hatte vor Jahren einmal zwei Serien geschaut und konnte diese teilweise auch folgen, aber nur teilweise. Dann habe ich diese mal mit meiner Frau angeschaut und dann meinte ich "Ahh, das macht ja jetzt alles ein Sinn". Sie hatte mir nämlich immer wieder noch Sachen erzählt, was da gerade passiert und somit konnte ich dem Ganzen um ein Vielfaches mehr folgen. Hier gibt es bei den öffentlichen Sendern auch die Bildbeschreibung, also Audiodeskription. Hier wird das Optische erklärt was passiert, also wie ein Hörspiel eigentlich. Auch beim Sport, was ich dann eine super Sache finde. Jedoch auch erst seit nicht so vielen Jahren, jedoch immer mehr im Angebot! Leider aber nur die Öffentlich-Rechtlichen. Außer auch immer mehr bei den Streaming Anbietern! Jedoch sind die meisten Sachen, die so Angeboten werden. Nicht unbedingt das, was ich gerne anschaue!

Gehst du ins Kino?

Ja eigentlich auch sehr gerne, dennoch viel zu selten.

Hier ist eben das Erlebnis Kino einfach was Schönes. Vor vielen Jahren auch öfters gewesen, allerdings ungern in den ersten Wochen eines Filmes, wenn noch viele sich den Film anschauen. Denn auch hier ist es einfach etwas Schönes, wenn jemand noch ein klein wenig erzählt, was gerade überhaupt passiert. Es gibt seit längeren auch eine App und hier auch interessanterweise Werbung in den Kinos dafür. Nennt sich "Greta" Hierbei kann man sich von Kinofilmen und mittlerweile auch manche Serien oder TV Filmen und teils DVDs diese Tonspur der Bildbeschreibung aufs Handy laden. Dann hab ich natürlich einen Kopfhörer dabei und stecke mir einen davon ins Ohr und bekomme die Beschreibung darüber, alles andere kommt übers Kino. Sehr schöne Sache, jedoch natürlich auch hier nicht alle Filme machbar. Ich weiß jedoch auch noch als ich erblindete, meine letzten drei Filme, wo es immer schlechter wurde.

DOOM
Harry Potter- das Dramatische Tournier
(und hier war ich traurig, da ich Drachen so
mag und sie nicht mehr wirklich
mitbekommen hatte)

V- for Vendetta
Das war dann eigentlich von wenig sehen
zu sehr wenig zum ersten Film, ohne noch
groß was mitzubekommen!

Wie gehst du einkaufen?

Heute sind ja bekanntlich mehrere Sachen möglich um so faul wie möglich zu sein.
Ich könnte mir zwar auch alles liefern lassen, was ich aber nicht mache. Also wenn ich einkaufen gehe, lasse ich mir helfen, und zwar von den Angestellten. Die finde ich an der Kasse, die ich durchs Piepsen finde. Hier ist jedoch ein Unterschied zum Discounter und Supermarkt. Denn im Discounter, ist alleine schon der Ein- und Ausgang getrennt und somit komme ich nicht so einfach zur Kasse. Hier haben wir auch noch ein Problem, denn da klappt es eher nicht immer so gut, mit dem Punkt "kein oder zu wenig Personal". Es kann jedoch auch hier funktionieren, lieb fragen oder mal durchlaufen und dann hoffen, dass man jemand findet! Dann helfen die auch.
Aber was dann sein kann, was mir auch schon passiert ist, "Was brauchen sie, jetzt aber schnell bitte, denn ich muss wieder zur Kasse"! Im Supermarkt verläuft es etwas anders, hier kann ich ja direkt zur Kasse oder ggf. Information laufen und dann einfach fragen, "kann mir bitte jemand helfen?"
Dann schicken die jemand und ich lauf mit dieser Person rum und sage, was ich haben

möchte. Natürlich könnte ich auch mit Hilfsmittel, einen Barcodescanner durchlaufen und zeitlich noch andere Menschen ansprechen und um Hilfe zu fragen, aber das dauert mir alles zumindest viel zu lange. Egal wo, ich merke mir, wo die meisten Sachen stehen, denn vielleicht geh ich ja mal mit jemanden Sehenden einkaufen und da kann ich dann sagen, dass was ich will ist in der Reihe ganz oben oder unten oder sonst wo, so dass wir auch hier nicht Ewigkeiten rumlaufen müssen, um zu suchen. Dann heißt es allerdings, alles nach Hause tragen und dann merken, wie wo was gekauft wurde. Nicht, dass der Hund die Ravioli bekommt oder andersrum. Bei Klamotten verhält sich das eigentlich genau so. Hier kann ich dann sagen "ich will Hosen" dann suchen wir ein paar raus und ich werde in die Kabine gebracht. Schön dabei ist, ich muss dann nur noch sagen, "die bitte größer - die bitte kleiner", wenn mir was passt, dann frag ich allerdings auch die Verkäuferin wie es mir steht bzw. ob es zu mir passt. Hier helfen die eigentlich gerne, dann machen die auch dass was sie ja eigentlich machen wollen, und nicht nur wieder die Klamotten sortieren oder kassieren.

Woher weißt du, was auf dem Teller ist?

Ich mache das meist ziemlich strukturiert. Ich nehme dann erst mal die Gabel und fahre von oben auf den Teller, ich sag mal links, rechts, oben und unten. Dann merke ich, wo es sich anders anfühlt und kann dann probieren. Dann weiß ich, wo was ist und kann koordiniert essen. Heißt, ich kann erst Nudeln auf die Gabel piksen dann zum Fleisch, seitlich dran und dann abschneiden. Beim Hochheben der Gabel merke ich dann, aber auch schon ob es zu groß ist oder doch passt. Zum Schluss fahre ich einfach alles in die Mitte und schiebe es noch auf die Gabel. Heißt, im Gegensatz meiner meisten Gäste verwende ich nicht die Hände. Ich schau nicht mit den Händen, wo was ist und auch nicht, ob der Teller leer ist. Jedoch ist es einfach die Routine.

Wie putzt du, oder wäschst die Wäsche?

Beim Putzen ist es vielleicht etwas strukturierter als bei anderen Menschen. Heißt, ich mach nicht hier ein wenig dann da, sondern sauge - wische von links nach rechts durch.

Und so beläuft sich es bei allen, sei es Staubsaugen, wischen oder Oberflächen putzen.

Wäsche waschen oder Spülmaschine anschalten so wie auch der Herd muss man sich einfach alle Einstellungen merken oder vielleicht auch Markierungen anbringen. Ich mache es über das Merken. Bedeutet, aber auch ich muss es mir einmal sagen oder zeigen lassen. Ob ich jetzt dreimal oder fünfmal nach rechts drehen muss, um das richtige Programm bei der Waschmaschine einzuschalten.

Mittlerweile gibt es auch wenige Herde und Waschmaschinen, welche reden können. Mit solchen habe ich jedoch auch noch nicht zu tun gehabt. Wegen der Wäsche, um sie zu sortieren. Hierzu könnte man ein Farberkennungsgerät nutzen. Jedoch, da ich im Regelfall nichts sortieren muss, da alles oder zumindest das meiste dunkel ist, muss ich hier nicht wirklich was beachten.

Fasst du Personen im Gesicht an um sie dir vorzustellen?

Hier gibt es ein klares "Nein!" Das ist für mich etwas, was gar nicht geht.
Ich weiß, viele kennen dies aus Filmen oder Büchern. Und ja ist bedingt machbar, jedoch machen dies eher geburtsblinde Menschen und kommt auch noch von einer etwas früheren Zeit. Ich sage hier ganz klar. Das Gesicht ist das gesamte Gesicht und was kann ich denn erfühlen? Nur die Hauptpunkte wie große Ohren, kleine Ohrläppchen, süßes Stupsnäschen großen Kussmund. Oh, sie hatte wohl Akne!
Aber das Gesamte, das kann ich dadurch nicht erfassen, sondern muss es mir zusammen setzen im Kopf. Aber stellt euch auch mal vor, da hat sich eine Dame schön 30 Minuten oder so geschminkt und dann komm ich und frage "darf ich mal schauen?" haha könnte lustig werden. Natürlich fahre ich meiner Partnerin über die Wangen oder die Nase. Man kommt sich ja dann auch irgendwie mal näher, aber das sind solche Zärtlichkeiten, die machen sehende auch. Wenn ich eine Frau kennenlerne und es vielleicht mehr wird, dann frage ich auch was mich interessiert, wie Augenfarbe oder

Haarfarbe. Jedoch kann ich hier auch voller Überzeugung sagen, "ich achte nur auf die inneren Werte!" Gut ich kann dann zwar immer noch Freunde fragen, aber mir ist hier wirklich nur der Charakter und wie man sich gibt so wie die Redensart wichtig!

Hast du Hoffnung wieder sehen zu können?

Eigentlich nicht! Wobei es immer wieder Momente gibt wo ich hoffe oder auch mal mehr hoffe. Wie in meinem Hauptbuch beschrieben, als ich die Tabletten eingenommen hatte, um zu schauen ob es was bringt, habe ich schon ein wenig gehofft. Erst vor kurzen habe ich mal online nachgeschaut, ob es irgendwas gibt und auch auf etwas gestoßen. Jedoch wurde dieser eigentlich positiv beendete 3-Phase des Testes nicht weiter entwickelt da noch irgendwas fehlt. Also eigentlich nicht, aber in meinen inneren ja, ich hoffe, dass es irgendwie - irgendwann hoffentlich nicht erst in 30 Jahren etwas gibt. Denn ich würde alles dafür tun meine Kinder sehen zu können. Aber wer weiß, die Medizin ist ja das schnellst wachsende Medium der Welt. Vielleicht, ja vielleicht einmal!

Kannst du Autofahren bzw. Autonomes fahren?

Also ich bin noch nie offiziell Auto gefahren. Habe damals keinen Auto-Führerschein gemacht. Dies wollte ich ursprünglich noch in Deutschland machen, bevor ich arbeitstechnisch die Welt bereisen wollte. Daher nein, ist auch nicht erlaubt und wäre grob fahrlässig. Zum autonomen Fahren bin ich zweigespalten. Einerseits wäre es eine super Sache und mich wundert es, dass es nicht schon längst Normalität ist, da es technisch schon sehr lange eigentlich möglich ist. Aber zum anderen, wenn die Technik vielleicht noch nicht ganz 100 % funktioniert und ich baue einen Unfall oder erwische einen Menschen, dann wär ich mein Lebenlang ja nicht mehr froh. Aber ich denke das wird mittelfristig kommen. Schön wäre es auf jeden Fall, einfach mal ins Auto steigen und im Navi den Zoo oder Tierpark oder sonst was eingeben zu können und selber hinzufahren und nicht immer auf die Öffentlichen Angewiesen zu sein. Das würde Zeittechnisch sehr viel sparen oder alleine einkaufen, auch selbstständig einen Großeinkauf tätigen zu können.

Wie weit ist die Aufklärung in der Gesellschaft?

Das ist sicher Regional abhängig, was dort die Bezirke machen oder wo man wohnt, ob es da irgendeine Einrichtung mit oder von Behinderten gibt. Aber ansonsten fehlt es hier noch deutlich in allen Schichten. Behinderte sind zwar immer mehr in der Öffentlichkeit zu sehen, hat jedoch damit zu tun, dass es über Hilfsmittel und teilweise Arbeit doch etwas mehr ermöglicht wird. Daher sieht man mehr Behinderte, aber an Aufklärung an sich, was alles machbar und teils möglich ist, da fehlt es auf jeden Fall.
Hier möchte ich dann mit meinem neuen Projekt einhaken, um Aufklärungsarbeit zu tätigen.

Bekommst du Unterstützung vom Staat?

Im Gegensatz zu anderer Behinderung erhält man in Deutschland das Blindengeld. Das ist für den sogenannten Mehraufwand. Da doch einige Dinge teurer oder deutlich teurer sind, wie ohne Blindenschrift. Hierzu sei allerdings noch gesagt, dass es interessanterweise je nach Bundesland unterschiedlich hoch ist und es teils große Unterschiede gibt, warum auch immer. Beruflich kann ein Arbeitgeber noch eine Betriebliche Assistenz benennen und dann wird diese Person bestimmte Tätigkeiten als Unterstützung der Person an die Seite gestellt und hierzu erhält die Firma auch Geld zurück.

Woher weißt du, was du an hast?

Das ist eine spaßige Sache. Das es ein Farberkennungsgerät gibt hatte ich hier schon erzählt. Damit könnte man dies machen. Ist jedoch nicht immer richtig, gerade bei liniert oder kariert. Ich lasse mir meine Klamotten erklären was drauf ist und dann einmal durch das Minimale hell-dunkel kann ich da noch was mitbekommen, ob da ein großer oder kleiner Druck oder ähnliches drauf ist. Ansonsten über den Stoff oder andere Merkmale wie großer - kleiner Druck, Stickerei, ob was am Rücken oder nur vorne also alles merken. Kann ja manchmal wichtig sein, was man anhat. Sei es bei bestimmten Treffen oder Schule oder so was!

Wie geht das in der Küche?

In der Küche ist für mich eine schlechte Frage. Denn ich hatte es ja sehend professionell gelernt und ausgeführt, somit ist das Grundhandwerk einfach gegeben. Es ist viel Routine, Abläufe und auch hier wieder alles merken. Also, ich weiß, wo was im Kühlschrank steht, wo meine Pfannen oder Töpfe sind. Ob das Wasser kocht, das hört man ja. Ob die Nudeln fertig sind, naja da stelle ich mir keinen Wecker, wie so manch einer der das hier liest, sondern Routine. Dann wird eben eine raus geangelt und probiert. Ob das Fleisch fertig ist auch wieder Routine - Erfahrung aber auch der sogenannte Drucktest, heißt ich drücke drauf und weiß, wie weit der Garzustand ist. Aber wirklich für solche Abende bei uns im RealBlind ist es eben schon sehr vorteilhaft gesehen zu haben, um die ganzen Abläufe einfach zu können.

Woher weißt du welches Gewürz was ist?

Vieles hat in der Küche feste Plätze, aber nicht nur bei mir, in allen Küchen. Sodass es mit einem Handgriff auffindbar ist, vor allem, wenn es mal stressiger wird. Somit hilft mir auch hier das Erlernte von damals. Meine Kräuter und Gewürze haben feste Plätze und somit weiß ich, wo sie sind, jedoch durchs Schütteln, Riechen oder auch mal der Verpackung weiß ich auch, was es ist oder sein sollte. Wenn ich mir unsicher bin, dann wird auch mal probiert.

Woher weißt du wo welches Getränk steht bzw. sind die beschriftet?

Im Allgemeinen sind keine Getränke sowie auch Lebensmittel beschriftet. Auch bei Flaschen zumindest manche, haben fast am Boden Punkte drauf, wo ich manchmal gefragt werde, ob das Blindenschrift ist, nein ist es nicht. Das sind Merkmal Punkte der Produktion. Heißt, ich merke mir auch hier, wo alles steht. Aber in der Kühlung stehen die Flaschen, welche Taktile identisch sind, nicht nebeneinander, dann wäre es wieder nicht machbar, außer ganz links und ganz rechts. Heißt, meine Getränkefirma, wenn die die Lieferung bringen stellen sie beispielsweise Cola und Cola Light aufeinander, wenn alles ausgeladen ist, dann sagt mir einer, jedoch wo was steht. Oben die zwei Kisten sind Light darunter normale. Und so wird es mit allen Getränken gemacht. Dann kann ich sie so ins Lager stellen, wo ich genau weiß wo was steht. Wenn ich mir bei einem Stapel unsicher bin, dann frag ich im Laufe des Tages meinen sehenden Kollegen, was das denn ist und kann es dann voll verräumen.

Bekommst du die Post in Blindenschrift - die Offiziellen Sachen?

Ein klares Nein. Es interessiert eigentlich keinen ob ich blind bin oder nicht, daher würde man auch die Post immer normal bekommen. Zudem müsste ja dann jede Behörde einen solchen speziellen Drucker besitzen, welche alles andere wie billig sind. Aber hier kommt dann auch noch erschwerend dazu, dass nicht jeder blinde die Blindenschrift lesen kann. Mein Stand ist zwar, dass wohl eine Behörde es machen würde, wenn man Bescheid gibt. Bin mir jedoch unsicher welche, ich glaube es war das Finanzamt oder so was.

Wie ist das bei den Behörden, wie gehen die damit um?

Denen ist das im Regelfall Egal. Ich werde da, wie ein Mensch behandelt. Manchmal wird man zwar dann gefragt, was man noch sieht oder auch nicht und in diesen Zug dann auch wegen unterschreiben, wie das dann geht, ob ich Hilfe benötige. Aber im Großen und Ganzen klappt das ganz gut. Die einzige Behörde, wo sich hier doppelt absichert ist der Notar. Hierbei kann ich eine Person meines Vertrauens mit-nehmen, wie allerdings überall selbst in die Wahlkabine, aber ansonsten würden die sogar einen weiteren Notar hinzuziehen, der das extra noch mal vorliest.

Wie viele Menschen sind blind?

Oje... das ist relativ, da man hier erst mal definieren muss, ab wann man überhaupt als Blind zählt und dann gibt es noch in anderen Ländern andere Werte hierzu. Allerdings ist es bei uns so, dass man als blind zählt, wer weniger als 2 % Sehfähigkeit auf dem besseren Auge hat und unter 5 %, ist man stark sehbehindert. Unter 10 % gilt man als sehbehindert. Mein letzter Stand war das, ca. 100 - 120 Tausend blind sind. Wenn man die beiden anderen Sehbehinderungen mit einzählt, kann man von 2 - 2,5 Millionen reden. Jedoch bin ich der festen Ansicht, dass dies relativ schwammige Zahlen sind. Denn, wenn man jetzt realistisch denkt, werden die Zahlen doch anders. Denn allein durch die Altersblindheit, die man ja kennt, werden in den Alters- und Pflegeheimen sicherlich noch einige Hunderte zu blind und sehbehindert dazu kommen. Wird das dann alles noch dokumentiert bzw. irgendwie weitergegeben, sicherlich nicht. Zudem wird es einige geben die eigentlich sehbehindert oder blind wären, im offiziellen Sinne, wenn sie mal wieder zum Arzt gehen würden. Aber hier ist bei einigen eben auch der Fall, dass sie es nicht wollen, da sie es sich nicht ganz eingestehen, dass sie doch schlechter sehen.

Wie viele haben Deine Krankheit?

Es ist unterm Strich eine sehr seltene Krankheit. Ich hatte vor kurzem gelesen vier von 30000 hätten es. Jedoch konnte ich damit nichts anfangen, denn wenn wir dies auf die Deutsche Einwohnerzahl hochrechnen, wären es doch sehr viele. Da ich jedoch erst neulich mit einer Fachärztin telefoniert hatte wäre es eher so, dass sich von dieser genannten Zahl sich so verläuft, dass so viele Menschen es im Gen haben, jedoch nur bei diesen wenigen ausbricht. Somit sind es nur wenige Hunderte, die es anscheinend haben.

Hattest Du
Selbstmordgedanken?

Dies ist eine Frage die eigentlich nicht in die Kategorie häufig gehört, sie kam auch erst dreimal. Jedoch davon zweimal ziemlich kurz hintereinander. Aber ich kann dies mit einem klaren „Nein" beantworten. Diese Gedanken hatte ich auf Grund der Blindheit oder als ich erblindete nie. Ich wusste zwar, dass es alles andere wie leicht wird und ich weiterhin noch mehr kämpfen muss, wie eh schon, aber ebenfalls wusste ich auch, dass es funktionieren kann. Zwar mit Einschränkungen und Hindernissen, aber deswegen aufgeben und mir das Leben nehmen, nein das kam nie in Frage!

Hast du eine Vorstellung von uns?

Dies ist immer sehr spaßig und muss ich auch immer mit einem klaren Nein beantworten. Ich stelle mir euch als Gäste gar nicht vor, das ist mir völlig egal. Aber auch aus mehreren Gründen. Denn zum ersten wären mir alle Männer sowieso egal und dann zu den Frauen. Die meisten kommen hier einmal eh mit Partner. Aber auch allgemein gesagt, jetzt ein Bild machen wäre zwar schön und gut und manchmal witzig. Jedoch kann ich es nie wirklich auflösen. Und zum Schluss fragen, wie siehst du aus und du ich denke so und so. Wäre zwar auch eine witzige Sache, aber nicht wirklich gut. Zum anderen ist mir das Optische so gut wie egal. Ich achte auf die inneren Werte einer Frau haha. Habe aber ja auch sehende Freunde, die sagen würden und könnten, nein, lass mal lieber! Es ist mir Optisch wirklich egal, selbst alle meine bekannten und Freunde welche ich seit der Blindheit erst kennen gelernt hatte, habe ich keine Ahnung und auch nie nachgefragt. Da es ja um mehr geht wie nur das Optische und das finde ich sogar gut so, denn ich nehme die Menschen wie sie sind. Hier bin ich der Festen Ansicht, dass alle die das hier Lesen und ehrlich zu sich selbst sind, jeder hätte bestimmt ein - zwei andere Freunde im engeren Freundeskreis, wenn es nicht das Wichtigste wäre, wie wer aussieht, sondern der Charakter und alles andere wichtiger wäre. Jedoch wenn ich jemand kennen lerne, also weiblich und man sich langsam näherkommt, dann frage ich natürlich schon einiges ab was mich so interessiert, wie Augen oder Haarfarbe.

Wie gehen die Menschen auf der Straße damit um?

Das ist wirklich immer extremst unterschiedlich. Von egal zu, dass man hinterher geschaut wird, wie so ein außerirdischer. aber mir ist lieber, ich werde normal behandelt, wie das man schon 50 Meter vorher die Straße wechselt, um mir ja aus dem Weg zu gehen. Allerdings andersrum ist natürlich auch bescheuert, wenn man dann auf dem Gehweg vor mir stehen bleibt und sagt "Achtung!!" da denk ich mir dann auch, hier kann man doch als sehender doch mal ein kleines bissel auf die Seite gehen.

Wird dir oft geholfen oder Hilfe angeboten?

Das ist bei mir tatsächlich eher weniger der Fall, jedoch laufe ich auch recht schnell, so dass sich wahrscheinlich die meisten denken könnte, dass ich keine Hilfe benötige. Allerdings kommt so eine Frage sogar häufiger am Bahnhof, wenn der Zug einfährt, dass man gefragt wird, ob man helfen kann oder gesagt wird hier ist die Tür. Aber sonst eher weniger.

Wie ist das im Bus?

Ja der Bus, ich finde es super das mittlerweile überall durchsagen kommen "nächste Haltestelle". Jedoch ist das vielleicht auch mal gefährlich. Denn wenn man noch nie eine bestimmte Strecke gefahren ist und dann die Durchsagen um eine Haltestelle falsch ablaufen oder gerade die Ansage kommt, wo die Haltestelle schon wäre, dann ist es auch zu spät. Oder sie kaputt ist, oder gar ausgeschalten, was offiziell nicht machbar ist - haha! Bei so etwas sage ich dem Busfahrer direkt Bescheid, dass er mir doch bitte sagen soll, wenn ich an einer bestimmten Haltestelle bin, da ich da raus muss. Das funktioniert im Regelfall auch ganz gut. Wenn man aber jetzt täglich mit dem Bus fährt, dann kennt man die Strecke und anhand vom Fahrgefühl, den Kurven oder ähnlichen kann man schon ganz gut einschätzen ah, jetzt muss ich drücken.
Jedoch hatte ich wirklich einmal eine krasse Situation im Bus. Ich wollte nach Hause fahren, wären zwei Dörfer weiter. Dann an der ersten Haltestelle im nächsten Dorf, hat sich jemand zu mir gesetzt, ich saß am 4er Platz. Es war der Busfahrer. Er fing auf einmal an zu reden, wo ich dend raus müsste, da es ihm sehr leidtut, die Ansagen gehen nicht und wie er mir jetzt helfen kann. Ob er mir sagen solle, wo ich raus muss,

damit er dann hält. Da war ich baff, sowas hatte ich noch nie. Wobei bei dieser selben Strecke die Ansagen schon so um die 50-mal nicht gingen. Das war super lieb und mitgedacht. Ich meinte zu ihm, dass es OK ist. Hab ihn zwar gesagt, wo ich raus muss, jedoch dass ich es im Regelfall sogar hinbekomme, da ich täglich hier entlang-fahre.

Wie rasierst du dich überhaupt?

Wenn das kommt, muss ich immer ein wenig schmunzeln. Da dies eigentlich etwas sehr Normales ist, aber viele hier auch ein großes Fragezeichen haben. Also ich kenne zwar auch einen Blinden, der sich selbst nicht rasiert und dies immer beim Friseur machen lässt, aber das kann ja auch mal ganz schön ins Geld gehen. Ich kenne ein paar wenige, die rasieren sich nur trocken, aber ich selbst mache es nass. Ich vergleiche dies gerne auch mit manchen Frauen. Ich gehe hier jetzt einfach einmal davon aus, dass sich die meisten Damen die Beine rasieren, und schaut ihr da alle hin? Nein, nicht alle. Zwar die meisten, aber eben doch nicht alle. Und es funktioniert dennoch. Ich hatte auch schon allerhand Bart Variationen. Dies ist eigentlich relativ einfach dann zu machen. Da wo ich etwas stehen lassen möchte, kann ich ja einen Finger dranhalten und dann Außen herum rasieren. Wenn ich mir dann immer noch unsicher bin, dann muss ich eben eventuell mal jemand fragen, ob es dieselbe Länge hat oder ob die Kanten richtig sind oder ähnliches also funktioniert eigentlich ganz gut!

Kannst du schwimmen?

Dies kann ich und ist interessanterweise auch eines der typischen und eine sehr alte Sportart welche blinde ausführen können. Im Freibad oder Hallenbad ist dies noch am Einfachsten in einen abgesteckten Bereich und dann ist es Übung bzw. Professioneller dann die Züge zählen. Ansonsten mit jemanden zusammen schwimmen gehen. Doof ist nur im Meer, wenn man meint man schwimmt alleine raus aufs Meer. Ich habe hierbei gelernt, nicht zu weit raus. Nicht weiter, wie man den Strand nicht mehr hört!

Gehst du in Urlaub?

Dies mache ich eigentlich sehr gerne, wenn Zeit dazu ist. Am liebsten hier eigentlich Sonne - Strand - Meer und einfach nichts machen. Da der Alltag und die Arbeit eben sehr viel abverlangen in Sinne von Konzentration. Daher möchte ich im Urlaub gar nicht so viel machen. Selbstversorgung - Ferienhaus - Zelten ist daher weniger meins, aber sicher auch mal eine Alternative mit den richtigen Begleitungen. Berge - Wandern hierzu bin ich eher weniger zu haben, da ich eben nichts mehr machen möchte.

Hast du Tag-Nacht-Rhythmus Schlaf Probleme?

Nein überhaupt nicht. Das Denken viele seitdem es die Werbung von Non 24 gibt. Ich möchte nicht sagen, dass es dies nicht gibt, allerdings muss man dann auch kein hell-dunkel mehr sehen können das dies der Fall ist. Da ich allerdings dies noch minimal mitbekomme habe ich hier kein wirkliches Problem. Da aber eben das Licht bzw. die Sonne das ganze steuert, kann es bei Vollblinden zu Problemen kommen, jedoch kenne ich hier auch keinen der so etwas hat. Da ich auch der Ansicht bin, dass wenn man ein recht gut geregelter Alltag hat, dies sich mehr oder weniger von alleine steuert.

Was für Hobbys hast du?

Im Großen und Ganzen ganz normale Hobbys wie früher sehend oder Ihr auch.
Sport, Fußball, Musik, Konzerte, Briefmarken sammeln. Nein quatsch, dass natürlich nicht. Jedoch ist einiges wie Konzerte oder ein Stadion besuch auf Grund der Arbeit absolute Mangelware. Aber schon immer sehr Musik- und Sportinteressiert, was ich auch weiterhin viel verfolge und höre.

Wie funktioniert der Blindenfußball?

Hier muss ich ein klein bissel ausholen. Blindenfußball gibt es in Deutschland seit 2006 und dann hat sich recht schnell eine Liga entwickelt. Paralympisch ist es schon einige Jahre länger, seit den Spielen in Athen. Es gibt auch Welt- und Europameisterschaften. Heißt, wir Deutschen sind hier im Bezug zu unserem Lieblingssport ganz schön hinterher. Gespielt wird auf einem kleinen Feld 40 x 20 Meter, wo die lange Seite eine Bande hat. Kleine Tore und der Torwart darf sehen, jedoch hat dieser als Handicap einen Strafraum von 2 Meter, welchen er nicht verlassen darf. Es sind 4 Feldspieler welche blind, Sehbehindert und / oder weiblich sind, allerdings wird allen die Augen abgeklebt und verbunden. Hierbei muss man sich jetzt noch vorstellen, dass das Spielfeld gedrittelt ist und in jedem Drittel darf eine weitere Person noch Kommandos geben. Allerdings nur dann, wenn sich der Ball dort auch befindet. Das heißt, Abwehr darf dem Torwart Kommandos geben. Mittleres, der Trainer, welcher, aber wenig sagt. Da dieses Drittel relativ schnell überwunden wird. Sturm, hier steht der sogenannte Guide hinter dem gegnerischen Tor und dirigiert dann. Die wichtigste Regel ist Voy! Spanisch für „ich gehe". Dies muss man im Radius von 3 Meter immer sagen bevor man zum Ball geht, damit es nicht gegen den Körper geht. Der Ball ist ein Hallenfußball und hat Metallplättchen drin ver-arbeitet, dass man ihn, wenn er kullert auch hört. Es ist eine sehr schnelle und rasante Sportart. Ich bin damals sofort dabei gewesen und es gab mir sehr viel. Es war ein Akt der Freiheit, da ich morgens noch gelernt hatte mit dem Stock zu laufen und abends beim Training eben laufen - renne ins Nichts.

Gibt es weitere Sportarten für blinde?

Hierbei ist eigentlich sehr viel offen und ich werde jetzt auch sicherlich einiges vergessen. Aber unterm Strich muss man einfach sagen, ausprobieren, ob es geht oder ob man spaß hat. Aber die gängigsten Sachen sind alle auch mit Begleitung. Leichtathletik also Laufen, jedoch natürlich auch Werfen und Springen. Skifahren und Langlauf so wie Biathlon, wobei das Schießen mit einem Sensor funktioniert. Schach, Fahrrad fahren, also Tandem. Torball bzw. Goalball (hierbei sagen einige es sei Handball für blinde aber hat nichts damit zu tun) Baseball gibt es auch allerdings finde ich hier geht es am Ziel vom Richtigen vorbei. Tennis, Tischtennis, Golf, Klettern, Rudern. Also schon allerhand.

Was kann man alles arbeiten?

Naja, unterm Strich mittlerweile schon ein Vielfaches mehr, wie noch vor 30 oder 50 Jahren. Man kann eigentlich recht viel machen, eben wie schon erklärt durch die Nutzung am Computer ist einiges mehr möglich, wie noch vor langer Zeit. Klassisch ist jedoch auf jedenfalls der Masseur - Psychotherapeut, Psychologie, Verwaltungsfachangestellte, Jurist, Telefonist und in der IT. Jedoch gerade in der Telefonie hat sich viel getan, dass es Richtung Office Assistenz o.ä. geht. Somit dann auch einiges allgemein im Büro. Lehrer ist ebenfalls möglich und ich weiß von einer Hand voll Erzieher, die es gibt, jedoch ohne jemanden zu Nahe treten zu wollen, sage ich klar als Papa, es ist als Blinder nicht verantwortungsvoll. Da wegen der Aufsicht es super schwer ist. Ja klar ist man nicht wirklich alleine, aber die sind ja auch beschäftigt.

Das Soziale ist natürlich etwas super Schönes für die Kinder aber im Kindergarten ist es schwer - aber erlaubt. Pädagogen jeglicher Art natürlich auch. Also Schwerpunkt ist im Großen eigentlich, wo man am Computer oder mit Menschen direkt arbeitet.

Können Deine Kinder auch blind werden?

Stand der Medizin - ein klares Nein.
Mittlerweile weiß man ganz klar, dass es ausschließlich die Frau vererbt, jedoch überwiegend der Mann bekommt, soll heißen 1 Frau 5 Männer. Jedoch ist es ein kann kommen, muss nicht. Heißt, mein Sohn ist Save. Da meine beiden Adoptivkinder es natürlich nicht haben können. Die Kinder meines Bruders ebenfalls nicht.
Jedoch noch das schlechte Omen... Meine kleine Schwester. Sie könnte es daher auch jederzeit bekommen und sie hat es ihren 4 Mädchen weitervererbt.
Somit könnten die Mädels es ebenfalls jederzeit bekommen und sie werden es weiter Vererben. Zu Zeiten meiner Mutter, als sie überlegte Kinder in diese Welt zu setzen hatte sie sich allerdings auch mit den Fachleuten unterhalten, da ihre Mutter und einer ihrer beiden Brüder betroffen sind und hier hieß es damals noch genau das Gegenteil. „Frau Heim, nein wenn dann werden sie blind aber nicht ihre Kinder". Und dann kam eben alles anders. Hierzu jedoch noch einmal ganz klar gesagt, es handelt sich um eine sehr seltene und eben

unberechenbare Krankheit, man wusste es damals nicht anders.

Hast du Ihn testen lassen?

Ich habe meinen kleinen auf Grund der Kenntnis-stand der Medizin nicht testen lassen, wie in der Frage zuvor genauer erläutert.

Hast Du Freunde verloren?

Einerseits ja, aber auch nein. Es ist eben schwer, wenn man in der Gastronomie arbeitet und alles dafür tut. Heißt, man hat den Großteil seiner Freundschaften ebenfalls in der Gastro und wenn man dann da raus geht und noch ca. 200? umzieht, um eine Blindentechnische Maßnahme zu durchleben ist es zwangsläufig so. Wir reden ja hier auch von 2005 / 2006 da war das alles noch nicht so mit Sozialmedia. Aber auf Grund der Blindheit nur eine Person, dass ging jedoch von mir aus, da immer dasselbe kam. "Oh je, warum du und das ist so schlimm und traurig und das tut mir so leid" Und nur so was...Bis ich meinte, das geht schon, jedoch kann ich so ein Gejammer nicht brauchen, da ich es akzeptieren und zurechtkommen muss und da bringt mir so was gar nichts. Da es immer so weiter ging hab ich die Reisleine gezogen, da es einfach nur fertig macht und nervt.

Wie bist du zum RealBlind gekommen bzw. kamst dazu?

Dies hat sich eigentlich über Jahre entwickelt, also dass was ich mittlerweile alles anbiete. Hatte damit zu tun, dass ich wie in mein Hauptbuch berichtete schon sehr lange dabei war Blindenfußball zu zeigen und dann über die Zeit im Museum. Beide Male merkte ich wie schön es ist mit Kindern - Jugendlichen und Menschen an sich zu arbeiten. Diesen was zu zeigen, was nahe zu legen. Auch, wenn nicht immer alles schön ist, kann es dennoch weiter gehen. In diesem Zuge merkte ich das, ich in so einer Richtung immer mehr arbeiten möchte. Da ich dann im Museum immer unzufriedener geworden bin hatten mich Freunde animiert mich mit meinen ganzen Projekten Selbstständig zu machen und wenn ich dabei noch ein Restaurant, am besten im Dunkeln machen würde und selbst in der Küche stehe, dann wird das auf jeden Fall was. Naja, nach viel überlegen und berechnen kam es dann dazu. Aber genaueres steht im Hauptbuch!

Was ist das Schwerste als Blinder?

Hierzu gibt es eine ganz klare Antwort von mir, neue Menschen kennen zu lernen.
Hat damit zu tun, dass es eben optisch beginnt. Sei es nach einem Umzug die Nachbarn, ein Blick und man weiß ja, nein oder OK. Man kann so verdammt viel aus einem Blick raus lesen, selbst bei fremden Menschen. Vor allem, wenn man blind jemanden als Partnerin sucht. Hierbei ist ja auch wieder die Optik am wichtigsten. Wen spreche ich an oder dann andersrum auch. Ich sehe nicht, ob mich die Dame in der Bar anlächelt und wenn ich dann los mache und meinen Stock in der Hand habe, steht eben noch die große Hemmschwelle den blinden anzu-sprechen. Man sagt ja auch, ein Blick sagt mehr als 1000 Worte! Das fehlt richtig, dass ist auch was mir am Allermeisten fehlt, der Blickkontakt und dadurch die Mimik zu sehen oder zu deuten. Überlegt mal. Ihr kommt abends nach Hause und ein Blick zur Partnerin oder Partner und ihr wisst genau, "besser nichts sagen!" Oder könnt agieren da es ein komischer trauriger Blick ist. Und was mache ich? Ich mach den Mund auf und das war's für heute.

Was siehst du als Vorteil oder Positiv, dass du blind bist?

Nach jetzt genau 18 Jahren sag ich ganz klar, es gibt nur einen einzigen Positiven Punkt! Mir ist bewusst, dass sich dies komisch anhört, was nur einen Punkt, aber ja ist wirklich so. Denn da das Sehen der Absolute Hauptsinn ist und dieser nicht mehr vorhanden ist, gibt es nur folgenden Punkt. Ich nehme die Menschen wie sie sind. Ich stempel nicht sofort ab, wenn ich eine neue Person sehe, sei es auf der Arbeit oder Nachbarn. Ihr seht jemanden und Zack abgestempelt. Aus diesem Schubladensystem hinauszukommen ist super schwer. Daher bin ich der festen Ansicht, dass alle die dies hier lesen, andere 1-3 Freunde im engeren Freundeskreis hätten. Ich muss mich erst mit der Person unterhalten und dann kann ich immer noch abstempeln aber eben erst nach einiger Zeit. Ich lasse mir da zwar auch nicht einreden der ist so oder so, da mach ich mir selbst ein Bild. Gut, es ging auch schon schneller. Nachdem 3 Worte an mich gerichtet wurden, war es auch die tiefste Schublade und nach 3 Jahren zusammen Arbeit war ein Anbau nach unten notwendig, jedoch hab ich diese Person zuvor schon Minuten lang reden hören und dann war es eben die absolut falsche Frage an mich. Mir ist egal wie jemand aussieht - ich nehme die Menschen, wie sie sind also achte überhaupt nicht aufs Äußere. Dies ist mir erst bei einer Frau wichtig und interessant, wenn es weiter geht.

Hast du blind ein Instrument gelernt?

Musik war mir schon immer super wichtig, aber erst blind habe ich die Grundlagen vom Schlagzeug spielen erlernt. Sehend konnte ich schon Gitarre spielen, dadurch auch die Grundlagen von Bass.

Hat sich in der Küche was geändert für Dich?

Nein nicht wirklich. Da eine Gastroküche eben viel mit Struktur zu tun hat, damit es im Stress schnell auffindbar ist und man eben nicht suchen muss ist es für mich ziemlich einfach. Ich muss mir eben nur alles merken, wo was steht. Zudem hab ich nur ein Hilfsmittel in der Küche, was sonst wahrscheinlich nirgends zu finden ist, in einer Gastroküche und das ist meine sprechende Waage.

Kannst du noch alles in der Küche kochen?

Im Allgemeinen denk ich schon, ja. Es gab jetzt noch nichts, wo ich festgestellt hatte, das geht nicht mehr oder ähnliches. Es gibt eher Tätigkeiten, wo ich weiß, hier benötige ich ein bissel mehr Zeit aber dass summiert sich dann eben. Allein als blödes Beispiel Karotten schälen, je Karotte 1 Sekunde mehr und dass bei 100 macht dann schon einen Unterschied, auch wenn es nicht die Welt ist. Beim Fleisch panieren weiß ich, dass ich es nur gut hinbekomme, mit wieder bissel mehr Zeit und ein wenig mehr Abschnitten. Gut die kann ich weiterverarbeiten, aber ärgert mich. Was mir allerdings aufgefallen ist, ist das ich beim Fleisch mittlerweile nicht mehr von rechts nach links schneide, sondern andersherum. Hat damit zu tun, dass man ja sonst sieht, wie dick die Scheibe oder das Stück wird und somit gleichmäßig schneiden kann. Das mache ich eben von Links, dann hab ich in der linken Hand das nächste Stück, was ich abschneide und bekomme so dennoch gleichmäßige Stücke - Scheiben.

Hat sich dein Geschmacksinn verändert?

Davon geht man aus bei einen blinden, ist jedoch bei mir nicht der Fall, da eben als gelernter Koch der Geschmack und Geruchsinn schon sehr gut ausgeprägt war.

Hat sich Dein Hörsinn verbessert?

Ja, naja man sagt ja ein Blinder hört besser. Ich finde das ist falsch ausgedrückt, denn man hört nicht besser, sondern man nutzt das Hören einfach. Zur Verdeutlichung ein paar Beispiele.

Du bist Essen und am Nachbarstisch ist ein schreiendes Kleinkind. Stört ganz schön, gelle? Beim nächsten Mal für 3-4 Minuten die Augen zu machen. Oder in einer Bar oder Restaurant ist eine Gruppe und die werden immer lauter, da zu viel Bier fließt. Du denkst schon es ist laut. Dann die Augen für 3-4 Minuten zu machen. Beide male knallt dann die Echte - Wahre Lautstärke um die Ohren und die ist aber immer da, du blendest es jedoch mit den Augen nach hinten. Da eben das Sehen das Wichtigste ist und dadurch steuert Ihr auch die Lautstärke. Ein schöneres Beispiel vielleicht noch, im Sommer - Frühjahr auf dem Balkon - Garten – Terrasse. Du hast die Augen zu und willst die Sonne genießen. Schon mal aufgefallen, dass nach wenigen Minuten man mehr wahrnimmt. Seien es Nachbarskinder, oder die Rasenmäher oder Flugzeuge? Das ist genau dasselbe,
es ist einfach eine Nutzung des vorhandenen und kann jeder, auf jedenfalls,

bis zu einem bestimmten Grund trainieren. Also auch so, je nachdem, was euer Hobby oder Beruf ist lernt man schon die anderen Sinne effektiver einzusetzen.

Marcel und seine Hündin Lucy